Weihnachtsgedanken
für ein
gutes neues Jahr

Weihnachtsgedanken
für ein
gutes neues Jahr

von Gabriele

Verlag DAS WORT GmbH
DER UNIVERSELLE GEIST
LEBEN IM GEISTE GOTTES

Weihnachtsgedanken

für ein gutes neues Jahr

Verlag DAS WORT GmbH
DER UNIVERSELLE GEIST
LEBEN IM GEISTE GOTTES
Max-Braun-Str. 2, 97828 Marktheidenfeld
Tel. 09391/504-135, Fax 09391/504-133
Internet: http://www.das-wort.com

ISBN 3-89201-138-9

Inhalt:

Die Zustände in der Welt zeigen überdeutlich, wo diese steht. – Was wollen w i r dem neuen Jahr mitgeben?

Das Jahr 2001 neigt sich dem Ende zu. Das Weihnachtsfest steht vor der Tür. Weihnachten reicht dem neuen Jahr 2002 die Hand, um das alte Jahr dem neuen Jahr zu übergeben. Jeder Mensch müßte sich – gerade um die Weihnachtszeit – die Frage stellen: Wie war mein altes Jahr? Wie habe ich gedacht, gesprochen und gehandelt? Daraus ließe sich sodann schließen, was wir in das neue Jahr mit hinübernehmen.

So mancher wird sagen: »Was soll´s mit dem Weihnachten und dem neuen Jahr? Es ist doch jedes Jahr derselbe laute Profitumtrieb, der mit der Ruhe und dem Licht, das durch Jesus, den Christus, in diese Welt kam, nichts mehr zu tun hat.« Die Menschen werden immer brutaler, die Profitgesellschaft liegt im Rausch der Gier nach Macht, Ansehen und Reichtum. Die Reichen werden immer reicher, die Armen immer ärmer. Das Armenhaus dieser Welt, die Dritte Welt, breitet sich mehr und mehr aus. Auch in den sogenannten Wohlstandsländern zieht immer mehr die Armut ein. In Amerika z.B. hungern 13 Millionen Kinder, und sehr viele Familien leben so recht und schlecht an der Armutsgrenze.

In der ganzen Welt sinkt das Niveau der Politiker immer mehr. Gerade unter ihnen sind Korruption und Machtgier an der Tagesordnung. Jeder trachtet danach, seinen Parteiposten zu halten oder auf der Leiter des Erfolgs höherzuklettern. Einige Nachahmer mit eingeschlossen heißt es: Nach oben wird gebuckelt und nach unten getreten. Für das einfache Volk haben diese

Machtprotze wenig übrig. Für viele Politiker ist das Volk nur »Wahlvieh«, wie es einige nennen. Es ist gerade noch gut genug, um überdurchschnittlich hohe Steuern zu zahlen. Das Recht wird, je nachdem, wie einer dem Staatsgefüge zu Gesicht steht, umschifft. Was dabei herauskommt, ist Freispruch, z.B. begründet mit »Meinungsäußerung« - oder aber Schuldspruch, dann, wenn das Gesicht dem Staatsgefüge nicht paßt. Recht ist nun mal dehnbar und einseitig. Von Gerechtigkeit wird nur gesprochen.

Die Erde liegt im Fieber. Tiere werden malträtiert, gequält, gefoltert und mutwillig getötet, das Bodenleben, die Mikroben, ausgerottet durch Exkremente, künstlichen Dünger und vieles mehr. Wälder werden angezündet und gerodet, den Tieren wird der Lebensraum genommen. Ihr Land, ihre Wohnstätten, ihre Aufenthaltsorte werden enteignet für die ins Uferlose wachsenden Ansprüche des Menschen und seines menschlichen Ichs.

Überdeutlich zeigen die Zustände in der Welt, wo diese steht. Auch die Wissenschaft mit ihren Genversuchen und Genmanipulationen oder gar das für die Wissenschaftler so reizvolle Spiel der Willkür mit Embryonen, sich wie Gott aufzuspielen – dergleichen ist an der Tagesordnung. Oder wenn wir die unzähligen Naturkatastrophen erleben, die von Jahr zu Jahr zunehmen - da kann man doch nicht mehr von einem Weihnachtsfest zu Ehren von Jesu Geburt sprechen oder gar von einem »guten Jahr«!

Betrachten wir einmal die Scheinheiligkeit der kirchlichen Würdenträger näher, die das Weihnachtsfest, die Geburt Jesu, hochstilisieren, um ein paar sentimentale kirchlich Getaufte und noch Angehauchte zu animieren, wenigstens zu den Feiertagen die Kirche zu besuchen – mehr ist es nicht. Und dann glaubt so mancher blind Gutgläubige, das wäre die heile Welt!

Gerade die Institutionen Kirche sind der Zeiger am Kompaß, der ausschlägt und nur noch Macht und Geldgier und die Unterwanderung des Staates anzeigt. Wenn man sieht, wie die Staatsmänner zu bestimmten kirchlichen Anlässen in den vorderen Reihen sitzen, dann weiß man, daß die Stunde geschlagen hat, in der die Scheinheiligkeit nicht mehr zu überbieten ist. Für die kirchlichen Würdenträger ist es nicht mehr von Belang, daß die meisten dieser Machtträger zweimal, dreimal oder gar viermal geschieden und wieder verheiratet sind. Der Institution Kirche und ihrer Geistlichkeit kommt es einzig darauf an, daß sich Kirche und Staat als e i n e Macht präsentieren, um dem »geistlich armen«

Volk zu demonstrieren, was für die Menschen des Volkes die Glocke geschlagen hat: Daß einer, der eventuell aus der Reihe tanzt, sich also nicht gleichschalten läßt, verfolgt, ausgegrenzt und dem Recht ein sehr dehnbares Gummiband umgehängt wird, um ihn damit einzufangen oder am langen Bändchen laufen zu lassen, bis er unter Umständen ausgehungert ist.

In unserer Gesellschaft ist man entweder katholisch oder lutherisch. Wer das nicht ist, wird als Sache abgehandelt. So ist es! Es könnte hier noch viel mehr hinzugefügt werden. Und doch: Jesus, der Christus, ist und bleibt das Licht, auch in dieser Welt. Warum sollten wir auf das blikken, was letztlich angezeigt ist, der Untergang dieser Welt - wobei mit »Welt« nicht die Erde gemeint ist, sondern all das, was der Mensch mit seinem allzumenschlichen Wollen und Tun auf der Erde errichtet und was er der Erde angetan hat. Die Welt ist also nicht die Erde.

Jeder Mensch stirbt für sich allein. Auch wenn wir hören oder lesen, daß bei einer Katastrophe mehrere oder viele Menschen umgekommen sind, so starb doch jeder für sich allein. Warum sollten wir nicht für uns allein den Weg zu Christus gehen? Warum sollten wir nicht für uns allein oder mit unserer Familie ein Weihnachten im Sinne des wunderbaren Geschehens vor etwa 2000 Jahren feiern? Warum sollten wir nicht für uns allein das zur Neige gehende Jahr im Sinne unseres Denkens, Redens und Tuns betrachten und aus allem die Lehre ziehen: Zum einen aus dem, was im Sinne des Jesus, des Christus, also gut war; zum anderen aus dem, was weniger gut war, denn auch das kann uns manch gute, gleich überzeugende Lehre erteilen.

Betrachten wir also in einer stillen Stunde unser noch bestehendes egoistisches Drängen, Wollen und Walten, mit dem wir Dinge und Situationen heraufbeschworen haben, die eventuell zu Zwistigkeiten, Neid, Haß und Streit Veranlassung gegeben haben. Lassen wir es auf uns selbst wirken, wenn wir Mitmenschen geschadet und ihnen Leid zugefügt haben, sei es am Arbeitsplatz, in der Familie, in der Verwandtschaft oder im Bekanntenkreis.

Wollen wir, daß unser neues Jahr besser wird, so sollten wir das alte Jahr überdenken, Bilanz ziehen und das, was auf Soll steht, näher beleuchten, es von Herzen bereuen und bereinigen. Was von Herzen geschieht, hat in sich die Kraft, daß wir es künftig besser machen, gleiches Verhalten und gleiches Tun also nicht mehr dem neuen Jahr übertragen.

Das neue Jahr klopft an unsere Herzenstür. Was könnten wir dem neuen Jahr mitgeben? Eventuell anstatt zu scheinen, wie bisher, nun zu s e i n , wie die Liebe ist: gütig, sanftmütig, gerecht, klaren Blickes, wachen Sinnes, aufopfernden Daseins. Die Liebe ist die innere Erhabenheit. Wer von Herzen liebt, steht über den Dingen, die diese Welt als den Maßstab aller Dinge ansieht. Die Liebe ist das kosmische Leuchten, das zuerst im Herzen aufflammen muß, um anderen Herzen zu geben.

Eine weitere Hilfe für den Jahreswechsel: Stehen wir in gerechter und aufrichtiger Beziehung zu unseren Mitmenschen, dann empfinden wir kein Unbehagen, wenn wir ihnen begegnen.

Wer seinem neuen Jahr ein lichteres Kleid geben möchte, dem könnten die nachstehenden Gedanken und Anregungen für das neue Jahr Wegweisung sein. Mit diesen geistigen Hilfen möchte ich nur Hinweise und Hinführungen zum Geist der Liebe geben, der in jedem von uns wohnt, der uns helfen möchte, unsere Erdenjahre in Seinem Geiste zu gestalten und zu gewanden.

Weihnachten – das Fest der Liebe und des selbstlosen Gebens

Um die Weihnachtszeit, dann, wenn die Tage kürzer werden und die Hektik des Einkaufens und der Vorbereitungen vorbei ist, wenn also die Feiertage unmittelbar bevorstehen, haben Sie sicher hin und wieder Zeit, über das neue Jahr, über Ihr neues Jahr, nachzudenken.

Weihnachten ist das Fest der Liebe. Der Sohn Gottes wurde Mensch, um uns die Liebe unseres ewigen Vaters zu bringen, die Er als Mensch verkündete und nach der Er lebte.

Auf der ganzen Welt gibt es nichts, was den Charakter eines Menschen so wertvoll veredelt, sein Wesen harmonisiert, seinem Gemüt friedlichen Gleichklang verleiht, als die ewige, kosmische Liebe, die von Gott kommt. Menschen, die sich der Liebe Gottes hingeben, spenden ihren Mitmenschen die selbstlose Freude, weil sie auch selbstlos geben, ohne Dank und Anerkennung zu erwarten.

Weihnachten ist auch das Fest des Gebens. Wer die Schritte hin zu einem guten neuen Jahr tun möchte, der kann sich gerade um die Weihnachtszeit Gedanken machen, womit er seinen Mitmenschen Freude bereiten könnte: nicht nur mit äußeren Gaben, sondern mit seinem Wesen, das er bestrebt ist, zu verfeinern und auszurichten auf die Liebe des Unendlichen, die Sicherheit und Standfestigkeit bedeutet, die Vertrauen und das innere Glück ausstrahlt und an andere weitergibt. Denn was wir von Herzen lieben und von Herzen geben, das haben wir auch selbst. Was wir erwarten, gleich begehren, mit dem berauben wir uns selbst.

Wozu wurden Sie geboren, und wofür leben Sie?

Darf ich einige Fragen in Ihre Gedankenwelt einfließen lassen?

Was glauben Sie, daß Ihnen das neue Jahr bringt? Was wollen Sie im neuen Jahr erreichen? Wie wollen Sie sich Ihren Mitmenschen gegenüber verhalten? Wollen Sie die Tage, die Wochen und Monate nützen? Wie und zu welchem Zweck und Ziel wollen Sie diese nützen?

Ihr Denken und Verhalten ist ausschlaggebend. Wie wollen Sie denken, und wie wollen Sie sich Ihrem inneren Wesen gegenüber verhalten? Oder: Wozu wurden Sie geboren, und wofür leben Sie? Wenn Sie glauben, daß Sie ein Wesen aus Gott sind, wie wollen Sie sich dann gegenüber den Tieren und der Natur verhalten? Wie werden Sie wohl im neuen Jahr Ihren Speiseplan gestalten? Wollen Sie die Tiere als Ihre Mitgeschöpfe achten und ihre Leichname nicht mehr verzehren?

Die entscheidende Frage, die in allen diesen Fragen mitschwingt: Ist Gott für Sie existent? Wollen Sie Ihm, Ihrem himmlischen Vater, der Liebe, dem Frieden, näherkommen? Wollen Sie Seinen Willen tun?

Wollen Sie Jesus, dem Christus, nachfolgen? Wollen Sie Sein Jünger, Seine Jüngerin sein?

Würden die Menschen einander so begegnen, wie sie sollten, dann wäre jeder mitverantwortlich für das Gute in dieser Welt und eine Wohltat für Mensch, Tier und Natur. Jeder Gedanke wäre ein Sonnenstrahl, der die Taten und Werke durchglüht und damit Mensch, Tier, ja die ganze Umwelt beglückt. Dann würden Menschen, Tiere und die Mutter Erde in der Einheit sein, und Friede wäre auf der Erde.

Auf die Inhalte unseres Lebens kommt es an

Zu Beginn eines neuen Jahres wünschen wir einander vielfach alles Gute, Gesundheit, Kraft und ein langes Leben, und damit meinen wir das irdische Dasein, das Erdenleben. Setzen wir auf die Liebe Gottes und Seine Gerechtigkeit, dann bauen wir auf das wahre Leben. Dann fühlen und wissen wir, daß sich alles Ungerechte im Gesetz des Ausgleichs, im Gesetz von Ursache und Wirkung, so entwickelt, wie es letzten Endes für unsere Seele gut ist.

Der Wunsch für ein langes Leben ist sehr oberflächlich, wenn man bedenkt, daß es nicht auf die Länge des Lebens ankommt, sondern auf dessen Inhalte.

Jeder Tag beginnt mit dem Morgen. Ganz allmählich lüftet der Tag seine Schleier und zeigt, was er uns mitgebracht hat.

Sind wir wachsam, dann hören wir den Tag zu uns sprechen. Er teilt uns mit, was wir heute erkennen und beheben dürfen. Der Tag zeigt uns aber auch die nächsten Lernschritte auf, hin zu Gesundheit, zu Glück und zum wahren Leben.

Haben wir in diesem Sinne den Tag genützt, dann haben wir an diesem Tag gelebt.

Das Leben kann also reich sein an Lernschritten und Erfahrungen und somit von Gewinn. Wer täglich lernt, der erkennt auch, daß die Inhalte unseres Tuns und Lassens von Bedeutung sind.

Es kommt nicht darauf an, was wir z.B. reden, was wir tun – entscheidend ist vielmehr, warum wir etwas sagen, etwas tun und welche Gefühle und Absichten hinter bzw. in unseren Gedanken liegen. Wir sagen etwas – was wollen wir eventuell insgeheim damit bezwecken?

Wollen wir unserem Nächsten schmeicheln, ihn für uns einnehmen? – Wir tun etwas – ist es so selbstlos, wie wir vorgeben? Oder möchten wir uns damit darstellen, einen positiven Eindruck bei anderen erwecken, der uns Vorteile bringt?

Das ewige Gesetz der Liebe möchte die Menschen erreichen, die sich nach der Gottesliebe sehnen

Trotz aller Ichsucht, die gerade heutzutage die Welt bestimmt, zieht das ewige Gesetz der Liebe durch die Welt, um die Menschen zu erreichen, die sich nach der Gottesliebe sehnen.

Der Geist Gottes ist der unvergängliche Kern in allem und in allen, die allmächtige Kraft, das Licht, das alle Schatten besiegen und alles zurückverwandeln wird in die geistige, göttliche Urform.

Ist das Göttliche im Menschen zum Durchbruch gelangt, dann macht er sich frei von der Triebfeder der Ichsucht, welche die Masse der Menschen in Bann hält.

Jeder von uns ist von der unendlichen Liebe eingehüllt. Wir merken es dann, wenn wir uns der Liebe Gottes hingeben, indem wir Schritt für Schritt die Werke der Liebe tun, die wir in den Zehn Geboten Gottes und in der Bergpredigt Jesu finden.

Ob wir wahrlich die Werke der Liebe tun, erweist sich an dem, was wir an Inhalten in unsere Werke hineinlegen. Wir selbst können prüfen, ob wir wahrhaftig sind, indem wir unsere Worte und Taten selbst hinterfragen: Warum sage ich, warum tue ich das jetzt? Schein oder Sein?

Der Gottesliebe gehen der Glaube und das Vertrauen an die Liebe voraus. Spüren wir im Herzen die Nähe Gottes, dann werden wir das Sein dem Schein vorziehen.

Das allweise, allgütige Gesetz Gottes ist unablässig bestrebt, den Menschen wieder herauszuziehen aus dem Schatten, in den er sich begeben hat, ins Licht. Doch es besteht das Gesetz der Freiheit. Gott, die große Liebe, zwingt den Menschen nicht, herauszutreten und das Licht wieder aufzusuchen. Es ist notwendig, daß er selbst das möchte. Dann hilft die Liebe und führt und stärkt.

Finden Sie zu Ihrem inneren Freund

Wer mit Gott die Bemeisterung seines Schicksals in die Hand nimmt, der wird zu seinem eigenen Lehrer. Später, wenn er sich nicht mehr einsam fühlt, wenn er nicht mehr nach Menschen Ausschau hält, die das, was er will, bejahen und bestätigen, hat er zu seinem inneren Freund gefunden, dem Geist unseres Vaters, der ihm treu ist.

Der Wille dieses Menschen ist dann auch die Treue zu Gott. Sein Blick ist klar; er geht in die Weite und in die Unendlichkeit. Sein Wesen ist aufrichtig. Seine Zielsetzung ist mit den Gesetzen Gottes in Einklang. Menschen, die aus der Quelle des Inneren schöpfen, halten sich auch fern von dogmatischen Bindungen. Sie sind wahrheitstreu und wahrheitsliebend.

Jedem widerfährt Gerechtigkeit nach dem Gesetz »Was der Mensch sät, wird er ernten«

Die Kenntnis des Gesetzes von Saat und Ernte, des Kausalgesetzes, ist wichtig für jeden Menschen zur Erfüllung dessen, was Sinn und Zweck seines Erdenlebens ist: auf dem Wege der Selbsterkenntnis Schritt für Schritt das aufzuarbeiten, was er seiner Seele an Belastungen, an Ungöttlichem also, aufgeladen hat, das ihn nun hindert, Gott und dem Göttlichen wieder nahezukommen.

Im reinen Sein ist alles ausgewogen, da alles, was geschieht, im Gesetz Gottes, in Seinem Willen, in der Allharmonie, schwingt. Die abtrünnigen himmlischen Wesen und somit auch wir Menschen sind durch unser Denken und Handeln wider das Gesetz GOTT aus der Allharmonie gefallen. Aus der sich daraus ergebenden Disharmonie, der Unausgewogenheit, entstand das Kausalgesetz.

Das Gesetz Gottes ist absolut im gesamten Universum, auch in den Fallreichen einschließlich der Erde. Die Aktionen gegen das Gesetz Gottes nennen wir Sünde.

Da das Gesetz Gottes absolut ist, ist es in den verdichteten Formen, in den Bereichen des Falls, ständig bestrebt, die Allharmonie wieder herzustellen. Daher ist das Fallgesetz, das Kausalgesetz, auf den Ausgleich dessen angelegt, was dem Göttlichen nicht entspricht. Es dient somit der Gerechtigkeit.

Das Kausalgesetz hat zwei Seiten. Die eine ist die Ursache, die andere die Wirkung. Ursache und Wirkung können als das Gesetz des Ausgleichs bezeichnet werden. Die Wirkung, die zweite Seite, nennen wir oftmals Schicksal. Wer hat die erste Seite, die Ursache, geschaffen, von der sich die zweite Seite, die Wirkung, das Schicksal, ableitet? Diese Frage kann wie folgt beantwortet werden:

Jeder Mensch kann reden, wie und was er will. Trotz allen äußeren Scheins, trotz aller schönen Worte, kann er nichts anderes, als ausschließlich sich selbst mitzuteilen. Die Inhalte seines Scheins, die Inhalte seiner Worte, seines Tuns, werden zu Ursachen. Infolgedessen reift jede Wirkung in der Ursache.

Wir Menschen begießen die Ursachen mit immer wieder gleichen und ähnlichen Gefühlen, Gedanken, Worten und Taten. Die Wirkung, die sich daraus ergibt, ist die Folge, es kann der Ausgleich für das sein, was wir an Ursachen geschaffen haben. Die Wirkung erfolgt nicht immer sofort, sondern nach einem mehr oder weniger langen Zeitraum; oftmals wird sie erst nach vielen Jahren spürbar oder in einem weiteren Erdendasein.

Die Ursache im Gesetz von Saat und Ernte ist immer das Unrecht. Auch Verbrechen, mit denen wir in Berührung kommen, erwachsen aus einer Wurzel, aus unseren geschaffenen Ursachen. Die Saat beinhaltet immer die Ernte. Was wir säen, das werden wir ernten. Und: Wir ernten nur, was wir zuvor gesät haben.

Machen Sie sich bewußt: Kein Mensch kann Ihnen Schaden zufügen, und keine Situation kann Ihnen schaden – nur Sie selbst können sich schaden durch das Ichheitsgesetz; was ich säe, ernte ich.

Wer zu Beginn des neuen Jahres zur Einsicht gefunden hat, daß jedem nach dem Gesetz »Was der Mensch sät, wird er ernten« Gerechtigkeit widerfährt, der baut mehr und mehr auf Gott. Die Gerechtigkeit ist im Strom der Liebe: Sie schlägt nicht zu, sie gleicht aus. Wer das Gesetz des Ausgleichs anerkennt, das zur Freiheit führt, der weiß auch, daß es sein muß, damit Menschen und Seelen wieder heimfinden in das Allgesetz, das ewige Gesetz der Liebe, Gott, in ihre ewige Heimat.

Schicksal ist die Ausgeburt von Gedankeninhalten

Jeder ist jeden Augenblick – einerlei, wo er sich befindet – von sich selbst umgeben, das heißt, er sieht und hört nur, was er selbst ist, und er denkt entsprechend.

Jeder Mensch handelt jeden Tag gemäß den Inhalten seiner Denkwelt. Ist diese gegen das ewige allwaltende Gesetz, dann schafft er Ursachen. Somit ist das Schicksal kein Zufall, sondern das Ergebnis von geschaffenen Ursachen. Schicksal ist also nichts anderes als die Ausgeburt von Gedankeninhalten. Ich wiederhole: Unser Schicksal paßt zu den Inhalten unserer Gedanken, zu den Inhalten unseres gesamten Verhaltens. Unsere Gedankeninhalte sind Mitgestalter unseres Wesens und Miterbauer unserer Körperstruktur und Körperform. Sie prägen auch unser Gesicht, unsere Mimik und Gestik.

Ein Gedanke für das neue Jahr:

Glück oder Mißerfolg erwachsen aus den Inhalten unseres Denkens. Das ist unsere Saat. Unsere Ernte entspricht immer unserer Saat.

Des Lebens innerer Sinn: GOTT

Was wir selbstlos lieben, ist als Kraft in unserer Seele entfaltet. Durch Begehren entziehen wir uns selbst die Kraft der Liebe – wir werden schwach, träge und desinteressiert.

Das Leben nach der Bergpredigt des Jesus von Nazareth ist tätiges Leben.

Wer die Bergpredigt nicht beachtet oder sie gar verwirft, vergeudet schlafend im Pfuhl der Sünde sein Erdendasein.

Viele Menschen sprechen vom Altsein und verbinden dieses Wort mit der Vorstellung des baldigen Todes. Der Tod ist für so manchen das Ende. Wer nur welkt und im Inneren jung bleibt, für den ist der Tod jedoch die Brücke zum höheren Leben.

Hat das Leben seinen inneren Sinn verloren – denn das Leben ist Gott, und Gott ist in uns –, dann setzen im Körper Vorgänge ein, die darauf hinarbeiten, das Erdendasein zu beenden durch den Abbau von Energie.

Denken Sie über folgenden Satz nach: Das Tier kennt weder Alter noch Tod. Warum ist das so? Weil das Tier nun mal nur Tier ist? Oder weil es unbelastet ist?

Die Kraft der ewigen Liebe vermag alles

Liebe ist eine Himmelsgabe. Sie hilft, ohne Einschränkung alle Übel und alles Üble zu überwinden, wenn wir uns dem Willen der Liebe übergeben.

Vor der ewigen Liebe hat nichts Ungöttliches Bestand, kein Eigenwille und keine Ich-Liebe. Die All-Liebe kennt keine Grenzen, keine Hindernisse. Wer sich von der ewigen Liebe berühren und erfassen läßt, für den gibt es keine Hindernisse, sein Allzumenschliches zu überwinden und mit der Hilfe des Geistes Gottes umzuwandeln.

Der Mensch kann sein wahres Wesen, das Liebe ist, nur von innen nach außen entfalten.

Jeder von uns besitzt die kosmische Liebe, die die Trägerin des wahren Leben ist. Uns ist also geboten, mit dem Herzen zu lieben, mit dem Herzen zu geben, mit dem Herzen zu helfen. Wer sich das für das neue Jahr vornimmt und es tut, trägt dazu bei, daß es in der Welt um ein Fünkchen besser wird und in so manchen Herzen die Wahrheit zu keimen beginnt.

Jesus liebte die Menschen. Folgen wir Ihm nach!

Lassen Sie Ihr Erdendasein zum Lebensgewinn werden

Lernen wir, Schwierigkeiten und Probleme von einer höheren Warte aus zu betrachten, so werden sie plötzlich klein und unbedeutend. Im Geiste Gottes sind die menschlichen Errungenschaften und Beweggründe bedeutungslos. Haß, Neid und Feindschaft sind Ausgeburten eines egoistischen Denkens. Was nicht der Liebe Gottes entspricht, hat keinen Wert und keine Wertigkeit. Nur das Ego gibt dem Allzumenschlichen Wert und Wertigkeit.

Irgendwann wird jeder erkennen, daß das, was menschlich ist, keinen Bestand hat. Es ist auf Dauer nicht zu halten. Es schwindet und vergeht und kommt in einer anderen Gestalt auf uns zu, als entsprechende Wirkung, die wir dann zu tragen haben.

Das Erdendasein jedes einzelnen könnte zum Lebensgewinn werden, dann, wenn er lernt, das zu analysieren, was ihn bewegt, um dann die Wurzel zu beheben, z.B. die seiner Grübeleien, seiner Verzagtheit, seiner Selbstkasteiung, seines Selbstmartyriums, seiner Verzweiflung und seines Unglaubens, um sie dann Dem zu übergeben, der um alle Dinge weiß, der in ihm ist und der ihn umgibt: GOTT.

Wer bereit ist zu lernen, wird geistig gewinnen

Jeder Mensch ist auf der Welt, um zu lernen, höhere Werte zu gewinnen. Wer jedoch nicht bereit ist, zu lernen, der wird auch geistig nicht gewinnen.

Der innere Gewinn bleibt. Irgendwann zerrinnt jeder äußere Gewinn.

Ein weiterer Gedanke für das neue Jahr:

Nur der ist wahrhaft reich, der andere im Herzen reicher macht.

Die Innere Religion – die Hingabe an die große, allmächtige ewige Liebe

Um die Weihnachtszeit denkt so mancher über Religion nach. Manch einer, der das Wort »Religion« hört, verbindet Religion mit Gott und den Institutionen Kirche, deren Prägung »Gotteshäuser« aus Stein sind. Der Christus Gottes aber wollte keine Kirchen aus Stein, denn es steht geschrieben: Wißt ihr nicht, daß ihr Gottes Tempel seid und der Geist Gottes in euch wohnt? In *Das ist Mein Wort* sagt Christus: *Kehre ein in das Haus, das nicht von Menschenhand erbaut ist – in dein Inneres, denn es ist der Tempel Gottes ...*

Wenn du betest, dann ziehe dich in eine stille Kammer zurück und versenke dich in dein Inneres, denn in dir wohnt des Vaters Geist, dessen Tempel du bist ...

Jeder Mensch ist ein Tempel Gottes, denn der Geist Gottes wohnt in jeder Seele und in jeder Zelle des irdischen Leibes ...

Wer Mir nachfolgt, wird zum Tempel der Liebe. Dieser Tempel hat keine äußeren Gebräuche. In ihm sind alle Menschen und Wesen aufgenommen und die ganze Schöpfung. Wer in diesem Tempel lebt, in seinem Innersten, dem Heiligtum Gottes, der wird mit den Wesen aus Gott den Ewigen rühmen, ehren, loben und preisen durch die Erfüllung des heiligen Gesetzes, das Gott ist, der Vater-Mutter-Gott ...

Jesus wollte die Innere Religion, die Hingabe an die große, allmächtige, ewige Liebe, an das Gesetz der Freiheit, der Schönheit, der Gerechtigkeit, an das kosmische, ewig waltende Gesetz, das Gott ist und das im Seelengrund jeder Seele und jedes Menschen ist.

Himmel und Erde sind Sein; wir Menschen gehören dazu, auch alle Tiere, die Naturreiche – der ganze Erdplanet ist Gottes Schöpfung. Wir brauchen keine Gotteshäuser aus Stein, keine äußeren Lobgesänge und Schalmeienklänge, keine Chormusik, um Den zu loben, der in uns ist. Wir selbst sollen Musik, himmlischer Klang sein, indem wir das tun, was Gottes Wille ist. Sein Wille ist die Harmonie der Himmel, das Gesetz der Liebe. Haben wir uns in Seinen Willen begeben, dann sind wir Träger der Schönheit, Träger des ewigen Lebens, das die Schranke Tod überwunden hat.

Innere Religion heißt Gewißheit erlangen, daß eine unübertreffliche Macht - eine unübertreffliche Liebe, eine ewige Gegenwart, tiefer Friede und Stille – schweigend und auf uns wartend in jedem von uns ist.

Die Kraft der Liebe, die alles eint – All-Macht, Gegenwart, Friede, Glück, Harmonie und Stille –, ist der Herr und der Führer, der uns durch das Erdendasein geleitet, hinweg über alle Klippen, Schwierigkeiten und Ängste, dann, wenn wir es wollen.

Vertrauen Sie sich Gott an! Glauben Sie an das Innerste Ihrer Seele, an das ewig pochende Herz der Liebe, dann wissen Sie auch, wohin Sie sich wenden können, wenn Angst, Sorgen und Nöte Sie beschleichen wollen. Die Macht der Liebe, Gott in Ihnen, hört Ihnen zu und hilft Ihnen auf vielerlei Art und Weise. Kommen, ja gehen Sie zu Ihrem innersten Wesen, dann fühlen Sie: Sie sind nicht verlassen.

Die angeblichen »Geheimnisse« Gottes sind nur die Trübung des eigenen Bewußtseins

Menschen, die im Inneren Gottesdienst halten, die ihre Gebete nach innen richten und diese im Alltag auch erfüllen, kommen Gott näher. Sie wissen, daß die »Geheimnisse«, die so mancher Gott zuschreibt, nur die Trübung des eigenen Bewußtseins sind.

Nur ein getrübtes Bewußtsein, das weltorientiert, weltbefangen ist, glaubt an Zufälle und an die »Geheimnisse Gottes«. Hellt sich das Bewußtsein durch die Hingabe an Gott auf, so erstarkt die Seele. Dem Menschen wird dann auch das Gesetz von Ursache und Wirkung bewußt, in dem es keine Zufälle gibt, auch keine Geheimnisse, denn jede Aktion birgt die Reaktion, die zu gegebener Zeit aktiv wird.

Nur in seinem innersten Selbst findet der Mensch das Erfülltsein – das Leben

Um unser wahres Selbst zu finden, das tief in unserer Seele leuchtet, müssen wir öfter allein sein, um über uns selbst und über unser wahres Selbst nachzudenken, denn nur tiefe, gotterfüllte Gedanken helfen uns, unser wahres Selbst zu finden, das Liebe, Friede, Treue, Schönheit, Glück und Harmonie ist. Lernen wir, täglich unserem innersten Selbst zu folgen, dann nützen wir die Tage, und unser Leben ist reich an innerer Erfahrung und Tatkraft. Dann ist nicht nur das beginnende neue Jahr beseelt, sondern jedes Jahr unseres Erdendaseins ist eine Bereicherung durch die Führung aus dem innersten Selbst.

Üben und Lernen heißt die Devise im irdischen Dasein. Üben und lernen wir, zu unserem innersten Wesen zu finden, dann ist es uns Freund und Helfer, Tag für Tag, Stunde um Stunde, Minute um Minute. Der innerste Freund ist immer gegenwärtig.

Werden Sie also zu Ihrem eigenen Beobachter und Erzieher, dann finden Sie zu Ihrem wahren Wesen, zum innersten Selbst. Nur in seinem innersten Selbst findet der Mensch das wahre Glück, das Erfülltsein – das Leben. Deshalb sollte jeder bei sich selbst daheim sein, das heißt, in seinem wahren Selbst ruhen.

Leben Sie aus sich selbst, dann werden Sie nicht enttäuscht

Viele Menschen streben nach Vollkommenheit. Sie halten Ausschau nach Menschen, die eventuell vollkommener sind als sie. Haben sie einen Menschen gefunden, der ihnen überlegen erscheint und dem sie nacheifern, so werden sie früher oder später enttäuscht werden, denn die menschliche Überlegenheit ist nun mal menschliche Eitelkeit.

Wer nicht gelernt hat, aus sich selbst zu leben, der ist wie ein Ballon, dem nach und nach die Luft ausgeht, wenn er keine Anerkennung, kein Lob erhält oder wenn er das Pensionsalter erreicht hat, mit dem er dann auch nichts anzufangen weiß. Wir entziehen uns selbst die Lebenskraft, z.B. durch die Erwartungshaltung oder dadurch, daß wir arbeiten, um einzig für uns selbst Geld zu verdienen. Dann haben wir nicht aus uns, aus dem Geiste, gelebt, sondern aus der Energie der anderen, die – oftmals gezwungenermaßen oder um des lieben Friedens willen – unseren Wünschen nachgekommen sind.

Werde unabhängig. Richte dich immer auf dein wahres Selbst aus

Auf dem Weg zu unserem wahren Selbst heißt es unter anderem: Laß dich nie, in keiner Situation und keiner Schwierigkeit von anderen beherrschen. Richte dich immer auf dein wahres Selbst, auf das ewige Gesetz der Liebe und Freiheit aus, und handle entsprechend. Dann wirst du frei, das heißt unabhängig, und stehst sicher auf deinen Beinen und somit auf dem Boden der Wahrheit. Die Auszüge aus dem ewigen Gesetz, die uns den Weg zu unserem wahren Selbst weisen, finden wir in den Geboten Gottes und in der Bergpredigt Jesu.

Wem bewußt wird, daß einzig der Geist Gottes die Kraft, die Liebe und Weisheit ist, der macht sich nicht mehr von Menschen abhängig und gehört auch nicht mehr der gedankenlosen Menschenherde an, die Führern nachläuft.

Groß im Geiste ist der Mensch, der mitten im Menschengewühl die Liebe zu Gott bewahrt und die Unabhängigkeit von Menschen, Dingen und Situationen.

Es jagt uns nur das Allzumenschliche. Gehen Sie bewußt den Weg mit Gott, und Sie gehen auf sicheren Pfaden

Wer sich an Menschen orientiert, sieht nicht, was ihm begegnet, z.B. die stille, freundliche Strahlung eines Steins, die grazile Form und Schönheit eines Grashalms, das Leuchten der Rose. Jeder Baum, jeder Strauch, die ganze Schöpfung kündet von der Vollkommenheit Gottes. Jedes Tier strahlt seinen Bewußtseinsstand aus, der sein Entwicklungsstand ist, den der mächtige Allgeist beseelte und begleitet. Alles Reine strahlt seinen reinen Bewußtseinsstand aus. Im Geiste der Evolution will kein Wesen höher sein als das andere. Im Geiste der Einheit gibt es das Niedere nicht. Jeder Bewußtseinsstand der Tiere und der ganzen Natur reift nach dem vom Allgeist vorgegebenen Zyklus.

Das Leben der Naturreiche ist rhythmisch bedingt. Jeder Rhythmus ist in den Lauf eines Zyklus eingebunden, den der Schöpfer des Lebens vorgegeben hat.

Wir Menschen gaben uns die Zeit, der wir unermüdlich nacheilen. Wie oft sagen und hören wir: »Jedes Jahr läuft schneller. In jedem Jahr ist die Hektik größer. Man findet kaum mehr Erholung und Ruhe.«

Ist es nicht vielfach so, daß wir uns von unserer Umgebung mitreißen und in den Streß, in die Unruhe ziehen lassen? Ist es nicht so, daß wir selbst nach diesem und jenem drängen, z.B. nach der Erfüllung unserer Wünsche, nach Geld und Gut?

Jeder Mensch ist so lange unruhig und rastlos, jagt von einem Wunsch zum anderen, von einer Situation, von einer Leidenschaft zur anderen, bis er sich bewußt wird, daß der ewige Geber alles, aber auch alles zu geben vermag. Er läßt dem Menschen das zukommen, was für ihn, für den Menschen und seine Seele, gut und nützlich ist. Vielfach wollen wir es anders. Wir jagen uns selbst und jagen oftmals nur einem Phantom nach.

Viele Menschen haben das Vertrauen zu dem allweisen Geber verloren und meinen, sie selbst müßten ihre allzumenschlichen Ziele immer höher stecken und alles daransetzen, um das zu erreichen, was sie sich vorgenommen haben.

Das Menschliche ist das Allzumenschliche; es ist der Druck, den wir uns machen, der uns drängt, wodurch wir in Unruhe und Hektik verfallen und aufgrund dessen Dinge tun, die wir eventuell später – oftmals wenn es zu spät ist – bereuen. Wer sich bewußt wird, daß der All-Geber, Gott, die unendliche Weisheit und Intelligenz, jeden Menschen liebt und ihm das geben möchte, was für ihn und seine Seele gut ist, der weiß, wohin er sich wenden und wem er sich anvertrauen kann.

Das heißt nicht, daß wir die Hände in den Schoß legen sollen. Uns ist geboten, für unser täglich Brot zu arbeiten. Wir können auch Leistung bringen. Wir sollen jedoch die Leisten unserer Schuhe nicht um einige Schuhgrößen größer anfertigen lassen, sonst stolpern wir oder fallen gar zu Boden.

Gehen Sie bewußt den Weg mit Gott, und Sie gehen auf sicheren Pfaden. Die Allkraft wohnt in jedem von uns. Sie ist wahrhaft universell. In ihr sind alle positiven Kräfte der Unendlichkeit geeint, die das Leben sind. Wer nicht versucht, sich der Allkraft hinzugeben, der wird weiter schaffen und schuften und doch nicht viel erreichen, weil er die Lebenskräfte vergeudet und nicht nützt.

Werden Sie aufnahmefähig für das Göttliche

Bejahen Sie täglich die Vollkommenheit in Gott, dann werden Sie sensitiv für Ihr noch Unvollkommenes. Und so Sie dieses mit der Hilfe des Geistes bereinigen und sich mehr und mehr der Vollkommenheit hingeben, werden Sie aufnahmefähig für das Göttliche. Dann erwachen in Ihnen die großen Gedanken, die das Leben, das Gott ist, beinhalten.

Vertrauen Sie GOTT. *Vertrauen Sie sich Ihm an*

Eine weitere Hilfe für das neue Jahr wäre: zu lernen, unsere drängenden Gedanken, die wir gerne anderen mitteilen wollen, bei uns zu behalten. Lernen Sie, Ihre Gedanken Dem hinzutragen, der Sie kennt, der in Ihnen wohnt: die All-Weisheit und Liebe, Gott. Machen Sie sich gleichzeitig bewußt, daß Gott, die All-Liebe und Weisheit, Sie hört, Sie versteht und für Sie das Richtige in die Wege leitet.

Üben Sie sich in Geduld. Gott, die All-Weisheit und Liebe, nimmt oftmals mittelbare Wege, andere, als die Sie sich vorstellen, um Ihnen zu dienen und zu helfen. Bei Gott spielt die Zeit keine Rolle. Deshalb üben Sie sich in Geduld. Nehmen Sie sich Zeit. Greifen Sie nicht morgen in den Lauf der Dinge ein, um die Angelegenheit selbst zu erledigen.

Vertrauen Sie Gott, und vertrauen Sie sich in allem Ihm an, der All-Weisheit, All-Macht und Güte. Lernen Sie, gegenwärtig zu leben, und bleiben Sie wachsam. Gott kommt Ihnen entgegen.

Weitere Bücher

Das ist Mein Wort
A und Ω

Das Evangelium Jesu

Die Christus-Offenbarung, welche inzwischen die wahren Christen in aller Welt kennen

Immer mehr Menschen fragen: Was hat Jesus von Nazareth vor 2000 Jahren wirklich gelehrt, wie hat Er gelebt? Was haben Sein Golgatha-Opfer und Seine Auferstehung den Menschen gebracht? Wie ist es möglich, daß in der Bibel nichts über Seine Beziehung zur Natur und zu den Tieren enthalten ist? Warum greift Gott bei all dem Unrecht und Elend auf dieser Welt nicht ein?
Vieles, was in der Bibel fehlt oder mißverständlich wiedergegeben ist, wird in *Das ist Mein Wort* von Christus selbst erläutert, berichtigt und vertieft. So entdeckt der Leser:

- Jesus brachte den Menschen keine äußere Religion, sondern Gott als den gütigen Vater der Liebe, der nicht züchtigt, sich nicht rächt, sondern Seinen Menschenkindern den Weg zeigt, damit sie wieder zu einem freien und erfüllten Leben in Ihm finden können.
- Jesus setzte sich für die Tiere ein, wo Er nur konnte. Er trug nicht nur alle Menschen und Tiere in Seinem großen Herzen, sondern die gesamte Natur.
- Jesus erklärte die sogenannten Wunderheilungen; Er erläuterte das Gesetz von Saat und Ernte,

und vieles andere mehr.

1104 S., geb., Best.-Nr. S 007. Euro 13,-. SFr 23,30*
ISBN 3-89201-053-6. Auch in: englisch, spanisch, französisch, italienisch, kroatisch, polnisch, russisch, serbisch, slowenisch

Kostenlos erhältlich: *48seitige Broschüre mit Textauszügen*

Die Bergpredigt

»Die Bergpredigt« ist ein Auszug aus dem Buch »Das ist Mein Wort. A und Ω. Das Evangelium Jesu. Die Christus-Offenbarung, welche inzwischen die wahren Christen in aller Welt kennen«. Jesus von Nazareth stand mit beiden Füßen auf dem Boden. Sein Leben war bescheiden und einfach. Er lebte die Gebote Gottes - ein Vorbild und Maßstab für unser Leben. In diesem Büchlein bringt uns Christus selbst über das Prophetische Wort Seine schlichte Lehre nahe.

120 S., kart., Best.-Nr. S 008. Euro 3,50. SFr 6,90*
ISBN 3-89201-061-7.
Auch erhältlich in: ar, cs, en, es, fr, hu, it, kr, mk, nl, pl, pt, ru, ro, se, sk, sl

Gerne übersenden wir Ihnen das kostenlose Gesamtverzeichnis aller Bücher und Cassetten

Verlag DAS WORT GmbH
DER UNIVERSELLE GEIST
LEBEN IM GEISTE GOTTES
Max-Braun-Str. 2
97828 Marktheidenfeld
Tel. 09391/504-135, Fax 09391/504-133
Internet: www.das-wort.com

* unverbindliche Preisempfehlung.
Es gelten die Preise des aktuellen Verzeichnisses.